A klímaváltozás dala –
minden országnak megvan a maga versszaka
A hosszú sötétség és a fény

AF365728

Az Örök Szó,

az Egy Isten, a Szabad Szellem

szól Gabrielén keresztül úgy,

mint Isten minden prófétája –

Ábrahám, Jób, Mózes, Illés, Ézsaiás,

és a Názáreti Jézus,

Isten Krisztusa – által.

A klímaváltozás dala – minden országnak megvan a maga versszaka

A hosszú sötétség és a fény

Kinyilatkozta az Atya-Isten,
az örök Egyetemes-Egyetlen,
2019. júniusában
az Ő prófétanője és követe,
Gabriele által

Gabriele Kiadó
A Szó

Első magyar nyelvű kiadás: 2023. november
© Gabriele-Verlag Das Wort GmbH
Max-Braun-Str. 2, 97828 Marktheidenfeld, Németország
www.gabriele-publishing.com
A magyar nyelvű kiadás a
© Gabriele-Verlag Das Wort GmbH
„Das Lied des Klimawandels –
jedes Land hat seine Strophen.
Die Lange Dunkelheit und das Licht"
című 2019. októberi kiadás alapján készült.
Minden tartalmi kérdésben a német eredeti kiadás mérvadó.
Forgalmazza: Gabriele Kiadó - A Szó - Kft.
www.gabriele-konyvaruhaz.com
Minden jog fenntartva, beleértve a terjesztés,
illetve bárminemű sokszorosítás jogát is.
Minden dísz-kezdőbetű: © Gabriele-Verlag Das Wort
Minden jog fenntartva.
Megrendelésszám: S193HU
ISBN 978-3-96446-253-4

A klímaváltozás dala –
minden országnak megvan
a maga versszaka
A hosszú sötétség és a fény

Vagyok, aki Vagyok, Ábrahám, Izsák és Jákob Istene, minden igaz próféta és prófétanő Istene, minden igaz férfi és nő Istene.

Minden korszak minden idejében küldtem Én, az Egyetemes-Egyetlen, lényeket Isten örök birodalmából fiaimhoz és leányaimhoz, akik elfordultak Tőlem, az örök szeretettől, mert az örök törvényt és ezzel a lét birodalmát másképp akarták alakítani, vágyaiknak és elképzeléseiknek megfelelően.

A bukás folyamatában lévő fiaknak és leányoknak útjukra a teremtő és alkotó energiák egy kvantumját adtam, hogy meg tudják nekem mutatni s be tudják nekem bizonyítani, hogyan lehetne minden jobb.

A nekik adott teremtő és alkotó energiák saját alkotói elképzeléseikhez természetesen kölcsönbe adattak nekik, nem pedig ajándékba, mert az örök törvény abszolút egység, ezért tartósan nem létezhet megosztott teremtés. Az örök törvény egyben abszolút szabadság is, ezért lehetőséget kaptak arra, hogy bebizonyítsák, jobbat alkotnak, mint Én, a Vagyok, egységben az örök birodalom teremtő és alkotó alaperőivel, a renddel, az akarattal, a bölcsességgel és a komolysággal, valamint a gyermekségi tulajdonságokkal, a jósággal, a szeretettel és a szelídséggel.

Az elképzelhetetlen energetikai fényéter ellenére, melyet az elpártoltak kaptak az örök, finomanyagú birodalomtól, a kölcsönt – az energetikai teremtő energiákat – kezdettől fogva letranszformálták, míg létrejött a sűrűség, az anyag és további degenerálódások.

Mivel bukásuk kezdetétől látható volt, hogy kifejezetten nehezükre esik a fényéter energiáit ismét magasabb erőkké alakítani, így újra meg újra Istenhirdetőket, prófétákat és prófétanőket küldtem az elpártoltakhoz.

Hogy az örök birodalom bukott leszármazottai hogyan bántak e fivéreikkel és nővéreikkel az örök létből, mégpedig egészen a mai korig, azt mutatja a maguk választotta pátriárkájuk, a papi céh és az államhatalom Molochja.

Az energiákkal való határtalan visszaélés – mégpedig kezdettől fogva – nincs elfelejtve, mert az energiák nem vesznek el, sem a tegnap, sem a ma energiái.

A negatív energiák hatványozódnak az úgynevezett okságnak megfelelően, ami az ugyanolyan vagy hasonló mintákat és viselkedésmódokat is illeti, mégpedig bármilyen jellegűek legyenek is.

Az Én Nevemben, az azzal visszaélve elkövetett erőszakos bűntettek oksági lánca is energetikailag mindenkire kiméretik a saját részében, az adott országoknak és azok lakóinak is. Az oksági lánc minden tagja hatványozza vagy csökkenti a meg nem bűnhődött energiáit, ami megtörténhet az adott korszak testöltései által is.

Nincsenek elfelejtve a gyermekek, a nők és férfiak, a Földön, a Földben és a Föld felett, valamint a tengerekben, a folyókban és a tavakban élő állatok ellen elkövetett erőszakos bűntettek. Minden, amit nem vezekeltek le, az oksági láncban marad. Az energia nem vész el – akkor sem, ha az ember nem hisz szavaimban.

Aki az úgynevezett nyugati tudományban hisz, ami szintén abból indul ki, hogy az energia nem vész el, az fel kell, hogy tegye magának azt a kérdést is: Hol vannak azok az energiák, melyek a korok minden időszakában létrejöttek, embertől emberig, mégpedig minden nemzedékben? Egyik kérdés követhetné a másikat: Ki mit teremtett, és hol vannak az energiák?

Ki volt a tettes tegnap, és ki ma?

Az ember volt az tegnap, és ugyanaz a bűnös ma.

bukás kezdetétől be akarták nekem, Ábrahám, Izsák és Jákob Istenének, minden Istenküldött Istenének bizonyítani, hogy a Tőlem kapott kölcsönt, a hatalmas teremtő és alkotó fényétert, a saját helyesnek tartott útjukon és módjukon alkalmazni tudják és annak megfelelőn gyarapítani.

A korok minden időszakában, egészen a mai időkig jöttek hírnökeim, próféták és prófétanők a bukott lényekhez, majd az emberekhez. További igaz férfiak és nők is elhozták nekik az élet kenyerét, az Isten- és felebaráti szeretet törvényét.

A korszakok minden időszakában megválasztották az elpártoltak – bukott lényekként vagy már emberekként – bálványisteneiket, akiket mindenféle limlommal, dísszel és „méltósággal" ékesítettek, és egy részletgazdag egyházi hagyományba ültettek, valamint az Én Nevem, az „Én Vagyok az örök törvény" fölé emeltek.

A vallási uralkodó céh e hatalmi színfalai mögött szolgálják az államhatalmak egészen a mai napig a bálványistent.

Minden korban egészen a mai napig hódolnak imádat által a bálványistennek, aki minden korban sokat ígért és ígér a hívőknek – azonban minden csupán ígéret maradt a mai napig.

Aki nem vetette magát alá a bálványistennek, a kultikus istennek, és nem vitt áldozatot, azt leigázták és feláldozták az adott rendszer hatalmon lévői által.

Azonos lelkületű – mármint az egyház és az államhatalom által azonos lelkületű – zsoldosok egész seregei csaptak le gyerekekre, nőkre és férfiakra, erőszakoltak meg gyerekeket és nőket, valamint csaptak agyon mindent, ami csak útjukat állta, úgy, ahogyan az adott gyászmise az egyházi zászló alatt azt elrendelte.

Az egyház és az állami szervek erőszakjának hatalma egész népeket fosztott és rabolt ki, és vérszomjasan, véres mészárlással ölte meg a gyerekeket, nőket és férfiakat.

A bálványkultusz és annak függeléke, az adott államtestület, zsoldosaival egész néptörzseket véreztetett el és éheztetett halálra. Gyermekeket, nőket, időseket és betegeket kínoztak, gyötörtek és gyaláztak meg – tömegesen.

A baáli uralom úgynevezett ellenségeit – mindegy, hogy azok nők, vagy gyermekek, betegek vagy gyengék voltak, apák vagy anyák, csecsemők vagy kisgyermekek – sötét és dohos tömlöcökben tartotta.

Tekintet nélkül a betegekre és az éhínségtől sorvadt, könyörgő és rimánkodó foglyokra, kedvük szerint korbácsolták, kínozták őket, és megerőszakolták a lesoványodott nőket, lányokat és gyermekeket ezerszámra.

Azért, hogy egy darabka kenyeret kapjanak az éhező gyermekeknek, a férfiak és nők készséges segítőkké és besúgókká váltak a hóhérok jogara alatt egy büntető és fenyítő Isten nevében: az egyház és az államhatalom baáli rendszere bálványistenének nevében. A vallási uralkodó céh e hatalmi színfalai mögött szolgálják az államhatalmak egészen a mai napig a bálványistent.

n, aki Vagyok, újra feltámasztom azt, ami nem lett jóvá téve: A korok időszakaiban Isten hírnökei is áldozataivá váltak a pogány uralomnak és annak pogány meghatalmazottainak, a szakrális lejtőnek – és ezzel a papi céh és államhatalom erőszakos bűnözőinek.

Semmit és senkit nem kíméltek – kivéve, ha a valláshoz hű a sötét hatalmi erőszak társául szegődött.

A korok időszakai során egészen a mai napig a véres áldozat kultusza nem kerülte és kerüli el az állatokat sem, teljesen ellenkezőleg. A tömegállattartásban az állatvilág alul marad a barbár húsáru, az ínyencség kedvéért, tenyésztéséért. A számtalan állattal szemben elkövetett brutalitás egyre újabb formákat öltött és ölt.

A legbrutálisabb, legkegyetlenebb, nyers erőszakkal való gyalázása mindennek, ami él – az erdőkben, a mezőkön és a kegyetlen állatistállókban – általánosan elfogadott színvonal lett, mert a degenerált ember, a tömeg, mindent feláldoz közönyösségének.

Ugyanez a közönyösség uralkodik akkor is, amikor az állatkísérletek intézményeiről van szó. Ezekben a létesítményekben valóban a bálványisten tanyázik.

Egyik kegyetlenség követi a másikat.

Ki ösztönzött ilyesmit?

Ki felelős ezért?

A lelkiismeret-nélküliség, az érzelmi sivárság tesz tanúbizonyságot arról, hogy az ember már rég a Moloch segítőjévé vált, mely emberfaló szörny ősidők óta a legkegyetlenebb módon garázdálkodik.

Azonban amit az ember vet, azt az ember is fogja learatni.

A kegyetlen pokoli gépezetek által, melyek nem maradnak brutális hatás nélkül világszerte a mezőkön és az erdőkben, a kegyetlenség embere a természet élőhelyeit Baál bálványisten áldozati helyeivé teszi.

Mindenfajta méreg, amit az ember az állatokhoz juttat a Földön és a Földben, de a vizek állataihoz is, formálja a Földbolygót. A számtalan eszköz és felszerelés is, melyeket olyan életet megvetően alkottak meg, hogy aligha tud egy élőlény megmenekülni, szintén energiák.

Mindenfajta méreg és a megfelelő eszközök, melyeket az állati élet és a növényvilág kiirtására használnak, energiák, okok, melyek hatásukat nem fogják eltéveszteni.

Az úgynevezett vadászok számára is még mindig vonzó a puska az erdőkben és a mezőkön. Hol maradnak ezek az energiák is?

Hol maradnak ezek a szörnyű és halált hozó energiák?

Hová mennek és jutnak ezek a kínokkal teli energiák tudományotok kijelentése szerint is, hogy az energia nem vész el?

Hová jutnak az energiák – és mi történik, ha életbe lép a kauzalitás?

A Názáreti Jézus elhozta az embereknek az Isten- és felebaráti szeretet Istenét, valamint a Hegyi Beszéd béketanítását.

Miért kell a testtel ellátott keresztnek közel 2000 éve a papi klánt és az államhatalmat szolgálnia, valamint a városok és falvak templomtornyainak rituális szokásait?

Ez a torony-lobogó azt mutatja, ami minden korban volt és ma is van, mindenesetre a mindenféle hazugság rituális jogaraként a „keresztény értékek" fedőnév alatt.

A patriarkális egyházakban és jó néhány csatatéren a testtel ellátott kereszt áll. Ez talán a „keresztény értékek" jele? Mik az úgynevezett „keresztény értékek"?

A megfelelő fegyverek, melyek az úgynevezett „keresztény országokból" jönnek, hogy azokkal öljenek és gyilkoljanak?

Mindennek energia az alapja. Az energia nem vész el.

Ezzel a mesterséges trófeával, a testtel ellátott kereszttel, azt hiszi az ellenerő tegnap és ma, hogy

*legyőzött Engem, Ábrahám, Izsák és Jákob Iste-
nét, minden Istenhirdető Istenét, valamint az Én
Fiamat is, Isten Krisztusát, akit elküldtem hoz-
zátok emberekhez, és aki az „elvégeztetett-tel"
megakadályozta az összubsztancia feloszlását, és
megvédte a lénymagot minden lélekben.*

*Még ha a trófea áll is templomaitokban és né-
hány csatatéren – a helyzet az, ami:*

*Isten Krisztusa megváltott minden lélektől át-
hatott embert és lelket. Ő a Feltámadott, és a job-
bomon ül. Ő eljön teljes pompával és dicsőséggel,
mert az örök birodalom győzött.*

*Az éjszaka hosszú ideje után, mely még az
ember és a Földbolygó előtt áll, a hajnalpír meg-
jelenik a megtisztult Földön. Akkor eljön Isten
Krisztusa megjelenésének kora, aki Övéivel
felépíti birodalmát, mely egészen fokozatosan
kialakul a megtisztult Földbolygó körül: ez a
békebirodalom.*

*Most Én, aki Vagyok, az utolsó prófétáról hir-
detek: A prófétáról Bennem, a Vagyokban, aki*

16

összeköttetésben van a bölcsesség kerubjával, aki egykor Ézsaiásként öltött testet.

Ő, Isten jelenlegi és egyben utolsó követe, több országba elutazott, hogy külföldön is az Én üzenetemet hirdesse, ahogyan az belföldön is sokszorosan történt. Több helyen jöttek az emberek százával, de ezrekről is beszélhetünk. Meghallgatták a Menny üzenetét, és hallgatják ma is rádión és tévén keresztül.

Hányan hallották és hallják a Menny üzenetét, és hányan adták fel közülük személyes találkájukat, hogy egy népet alapítsanak, egy népet a szabadság és egység szellemében, az Isten- és felebaráti szeretetben?

Hívásom óta, hogy az egység és szabadság népévé legyenek – mind Ábrahám, mind Mózes, és most ismét a legnagyobb próféta esetében is a Názáreti Jézus óta – az emberek tömege egészen a mai napig kispolgárságánál maradt, és úgy, mint Mózes idejében, a húsos fazekakhoz maradt hű, mert az állathús közvetlenül és közvetve Baál bálványisten energiaforrása.

A tegnapi zsinat a mai törés.

A bálványistenhez vezető kapuk nemcsak hogy becsukódnak, hanem lerombolásra várnak, mert a Föld az emberiség ellenségévé vált.

Az emberiség nagy része a korok minden időszakában harcol és gyalázza a Földbolygót.

A Föld most felkel a rossz faj ellen, az emberiség ellen, aki minden korban a bukás rendszere óta, tegnaptól máig, a bálvány-tirannusoknak láthatóan aláveti magát.

A démoni pedagógia nem új.

A Föld előhozza mindazt, amit az alvilág, a vallási testület annak követőivel, az államhatalommal, beadagolt a Földbe.

Hogyan mondja tudományotok?

Az energia nem vész el.

Ez így van – és így is lesz!

Ki jegyezte fel a tegnap és a ma energiáit?

A bukás eseménye óta az energiák az úgynevezett anyagi világegyetemben rögzültek, és sokszoros úton és módon a Földön és a Földben is.

Az energia nem vész el. Sok lélek számára az energiákat a finomabb anyagú világegyetemekben különböző területek raktározzák. Ezek az energetikai raktárak az egykori ember személyes aspektusai, mert amit az egykori ember vetett, azt most a testét levetett lélek szemügyre veheti, és a tisztítás, valamint vezeklés által feloldhatja.

Amit nem lehet megszüntetni, az rögzítve marad a Földben és visszatér az érintett lélekhez, legyen az akár emberként a korok változásában a mindenkori testöltés során, mert az energia nem vész el.

Ami egykor volt és még nem bűnhődtek meg érte, az jelen marad – tegnap és ma.

Az emberiség még nem vezekelte le energiáit, szörnyű tetteit és cselekedeteit. Ezzel az emberek a korok minden időszakában ellenségükké tették a Földet. Az energia nem vész el, az elmúlt korok jóvá nem tett cselekedeteinek energiái sem.

A bukás rendszere óta a bukás hatóságai megpróbálnak létrehozni egy birodalmat saját mércéjük és céljuk szerint, azonban egészen mostanáig ez csak akaratuk volt, de nem a képességük.

A korok időszakai során ez tehát csak akarat maradt.

Most ez érvényes a bukás dilettánsaira: túl kevésnek és csalónak bizonyultak.

A korok minden korszakában sok ember a barbársághoz csatlakozott, mert az elfordulás minden etikától és erkölcstől, ami a lelkiismeret-nélküliséget a cél eszközévé tette, az önkinyilvánítás volt és ma is az, egészen a jelenig. Az emberek sokasága tud Isten Tízparancsolatáról Mózes által, azonban csak a tudásnál maradt és marad egészen a mai korig.

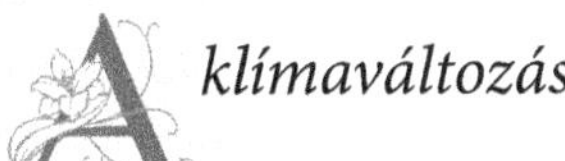 klímaváltozás

E világ országaiban sokat vitatják az úgynevezett klímaváltozást.

Honnan ered a klímaváltozás, és ki teremtette?

Ahhoz, hogy további viták robbanjanak ki arról, hogyan is lássák a klímaváltozást, az embernek elég egy kavics, melyet vízbe dobnak, és a sok hullámgyűrű megindul.

Hogy a túlságosan emberi viták ne váljanak parttalanná, Én, a Vagyok, a lét egyetemes törvénye, elmagyarázom az embereknek, honnan jön a klímaváltozás.

Különösen a „klímaváltozás" szónak van sok versszaka.

A sok diszharmonikus versszak a klímáról és klímaváltozásról szóló vitákból ered, valamint az arról való gondolkodásból, hogyan lehetne ezt a bajt elhárítani.

Ezért a „klímaváltozás" szó egy dallammá lett, amely egy dallá alakult. A dal pedig visszaadja minden egyes ember katasztrofális viselkedését, amely hozzájárult ahhoz, hogy a Földbolygót rövid idő alatt a pusztulás felé vezesse.

Ti emberek, hallgassátok továbbra is a „klímaváltozás" dalát, amely a ti dalotok, és ha akarjátok, dúdoljátok vele együtt a dallamot. Bármit is akartok, énekelni, dúdolni vagy csak hallgatni – mindig ti emberek vagytok az, és nem valaki más.

Egy rövid összefoglalás a jobb megértéshez: Az ember az ő táplálóját, a Földet, annak pozitív energetikai körforgásával, hatályon kívül helyezte a kizsákmányolás és pusztítás által minden szinten.

Most védekezik a Föld az ellen, hogy tovább szolgálja az emberiséget, mert az ember maga tette ellenségéve anyját, táplálóját, a Földet.

A Föld energetikailag fellázad az emberiség ellen számtalan erőforrásával.

A Föld védekezik tengereivel, folyóival, tavaival és patakjaival is. A vizek sokszorosan is a hullaszerű szemét helyeivé lettek. A fajok úgynevezett kihalása – ahogyan az ember azt nevezi – mutatja, mi a helyzet a Földbolygóval.

A halált hozó veszedelem bejárja a szántókat és erdőket, mezőket és ligeteket. A sivatagok és pusztaságok egyre inkább kiterjednek mindenhol. Minden, aminek még van lélegzete, a „pusztítás" rendszere alá esik.

Minden más csak az élet maradéka.

Mindenhol nyögés és sóhaj a Föld felett, a Földön és a sötét vizekben. Energetikai megerőszakolásától nyög a Föld, a halálsóhaj és halálhörgés a vizekben a dallam a földben és a földön.

A dallam és az ének a megfelelő hangnemben a diszharmonikus versszak minden ország számára – a klímaváltozás.

A napirend kortól korig tehát a klímaváltozás: a mindenkori éghajlat a hanglejtés. Az ember maga alkotta meg a dallamot és a mindenkori katasztrofális éneket minden ország számára, és végül a megfelelő partitúrát is szállítja hozzá.

Minden ország hozzátette tehát a saját versszakát a „klímaváltozás" összdallamához. Minden ember együtt énekli és dúdolja. Ily módon létrejött egy zenekar.

Az adott ország összes versszakának karmesterei az egyház és állam élén állók. Az adott ország lakói együtt dúdolnak abban a reményben, hogy ők megkíméltetnek, vagy akár nem is érinti majd őket, mert életidejük, éveik tartománya lejár addigra.

Alig veszi észre akár egyetlen ember is, hogy azért énekel és dúdol ő maga is velük, mert hozzájuk tartozik. Minden lélek és minden ember maga mér és mérlegel, és mindenki saját magát is határozza meg.

A mérleg pontosan dolgozik.

És alig veszi észre egy ember is, hogy ő egy kortárs, aki tegnap, vagyis a korok időszakaiban ugyanaz a klímagyilkos volt, mint amilyen a jelenben.

A bálványisten bálványparádéja jól értett ahhoz, hogy kiirtsa az újratestöltés tanát, a lelkek emberi testbe való testöltésének tanát, különben felismerték volna őt magát is, mint a tegnap hazug emberfaló szörnyét, aki a mai korban már csak egy rúgkapáló hazudozó, aki megpróbálja összetartani a függő bálványimádók egyre kisebb seregét.

A tömeg közönyössége ellenére tegnap és ma már nem lehet feltartóztatni: a Földet, a tengereket, minden vizet ellenségévé tett az ember.

A tudomány szavát és a bálványisten szavát becsülik a hívők.

A tudomány azt mondja, hogy „az energia nem vész el", a bálványisten pedig úgy véli: „Isten majd elintézi."

Mindkét kijelentés igaz, mert: Én, a Vagyok, mindent megújítok, ami az energiákat is illeti, mert az energia nem vész el.

Azonban meg kellene fontolni: ahhoz, hogy minden megújuljon, először el kell múlnia a réginek! Ahogyan elhangzott, minden energián alapul!

Minden, amit az idők idején a Földnek, a természetnek, az állatoknak és a növényeknek, a vizeknek és óceánoknak, a légkörnek és az embereknek okoztak és okoznak szenvedésként és kegyetlenségként, bűntetteket bűntettek után, minden, amit nem tettek jóvá, meg nem bűnhődött energia a Földben, a Földön és a Föld felett.

Az idő megérett: Én, a Vagyok, mindent megújítok.

Én nem a vádló Vagyok, csak a panaszos, és felsorolom, amit a korok időszakaiban nem tettek jóvá és amiért nem bűnhődtek meg.

A vádak sötét és hosszú menete jön létre, mert a Földbolygó nyög, amióta csak embert hord a hátán.

A panaszos, nyöszörgő és sóhajtó energiák felkelnek a Földről és vádolják az emberiséget, mégpedig országról országra, városról városra, helytől helyig, községtől községig, falutól faluig.

Minden, amit a lelkek a túlvilágon, a tisztulási síkokon nem tudnak hordozni, ami emberként történt velük, és amit nem ők maguk okoztak, panaszok, melyek felemelkednek a Földről energiaként.

Az emberek felmérhetetlen halálfélelme a lobogó lángoktól energia. Felkelnek a Földről energiaként, és vádolnak.

Energetikailag a vádló a számtalan áldozat, milliók és milliárdok, ami az állam és az egyház bálványkultuszának lelkiismeretét terheli. Energiák és energiák emelkednek fel a Földről.

A jobb megértésért, ami a tetteseket illeti tegnap és ma:

A klímatrilla, a dal, mely országról országra vonul, felkelti a meg nem bűnhődött energiáit számtalan halottnak – emberekét, akiket egykor meggyilkoltak, leszúrtak, felnyársaltak, kínoztak, felakasztottak és lelőttek, tömlöcökben tartottak és országról országra, szemük előtt a béke keresztjével, ütöttek agyon.

Felemelkedik minden energia, amiért nem bűnhődtek meg – vádak vádak után. Emberek, akiknek bestiális módon levágták a végtagjaikat, emberek, akiket megsüketítettek és bántalmaztak a fogdákban, majd tömlöcökben hagyták őket, akik az utcákon és utakon mint eltaszítottak sorvadtak, emberek, akiket kínoztak egészen a mártírhalálig, felkelnek, mint energiák.

Mi a helyzet a mai korban?

Az energetikai vádlók menete, mely a meg nem bűnhődött, a gyilkos idők korainak elraktározott energiáit az egykori tettesekre kirója, elindul.

*Számtalan ember, akiket elégettek a máglyá-
kon, egész népek és néptörzsek, akiket kegyetlen
módon irtottak ki, energiaként felkelnek, és csat-
lakoznak a sötét, egyre hosszabbá váló menethez.*

*Sok gyermek halálfélelme, akiket megerősza-
koltak és az emberfaló szörnyhöz vezettek, és a
bálványistenért kellett adniuk életüket égő áldo-
zatul, energiákként felkelnek. Gyermekek, akik
az úgynevezett keresztes hadjáratok során „étel-
áldozatok" lettek, felkelnek energiaként, és csatla-
koznak a „klímaváltozás" egyre hosszabbá váló és
sötétebb menetéhez.*

*A fajtalankodás bűntettei megerőszakolt és
meggyalázott nők ellen felkelnek a Földről ener-
giákként, és csatlakoznak az iszonyat menetéhez.*

*Minden felkel a Föld raktárából, amiért
nem bűnhődtek meg, és felmutatja a tegnap és
ma bűntetteit. Minden, de minden, mint fosz-
togatások, rablások és lopások, szolgaság és
rabszolgaság, gyújtogatások, egészen a lobogó
lángokig, gyilkolás és népgyilkosság, háború és
öldöklés, az állatokkal szemben elkövetett gyil-*

kolás is, valamint a természet kizsákmányolása, felkel a Földről.

Aki azt hiszi, hogy meghatározhatja a halált csak azért, mert helyesli a szervkereskedelmet, az saját magát határozza meg, és ott lesz, amikor a mesterségesen halottnak nyilvánítottak energiaként felemelkednek a Földről.

Minden, amiért nem bűnhődtek meg, a kauzalitások, okok okok után, energiák energiák után, felemelkednek, és az ellen irányulnak, amit jóvá kell tenni és meg kell tisztítani, kiegyenlítésül a vetés és aratás törvénye szerint.

Energiák energiák után kelnek fel a Földről és csatlakoznak az iszonyat sötét menetéhez.

A meg nem bűnhődött energiák sok próféta és prófétanő, valamint Istenhirdető, felvilágosult férfi és nő szenvedéséből is, akik minden korban áldozatai lettek a kegyetlenségeknek, melyeket az egyház és az állam vitt végbe, szintén csatlakoznak az egyre sötétebbé váló menethez.

Minden erőszakos bűntett energetikailag felkel a Földről és csatlakozik a karmikus, energetikai menethez.

Az emberi fajra, mely elvetette az Isten birodalmából érkező követek szavát, rátörnek a sötét korok, mert minden korban tanítottam Én, a Vagyok, az Isten és felebaráti szeretet örök törvényét.

E Föld minden országában sok embert tartottak sötétségben, hogy ne lássák az örökkévalóság fényét – ezért gyilkoltak meg sokakat azok közül, akik a fényt hozták, követeket a fényből.

Az elkendőzés taktikája is minden korban szintén az állam hatalmon lévőinek sajátja egészen a mai korig. Az államhatalom a mai napig sekrestyése az egyház hatalmon lévőinek.

Az egyházi klán azért olyan hatalmas és hatalomtól megszállt, mert a gyenge állam kihasználja a nép korlátozottságát, mely azután félelmeit az egyházi klánnak áldozza, mely telhetetlen.

Hiszen szükség van a sok pénzre ahhoz, hogy gyászmisét tartsanak, mely lent zajlik, vagyis lent van a székhelye, amiről már a Názáreti Jézus is beszélt – ő az, akinek imádásra van szüksége, ma jobban, mint valaha: a lentről jövő atya, aki a bukás kezdetétől fogva hazug és gyilkos. Bő gazdagsága eltűnőben van, mert csalása lelepleződik, nem Általam, a Vagyok, aki Vagyok, az Atya-Anya-Isten által, hanem az egykori hívők által, akik felismerik a lentről jövő hatalmat.

Mindegy, hogy milyen érvekkel akarja magát kibeszélni az egyház és az állam, úgy van, ahogyan van: vezeklés és jóvátétel nélkül semmi nem fejlődhet, sem a lélekben, sem az emberben, sem a tettekben.

Én Vagyok az Örökkévaló és az Isten- és felebaráti szeretet örök törvénye, amely tartalmazza a szabadságot.

Minden meg lesz mérve, és a mérték és súly függvényében ki lesz osztva minden léleknek és embernek.

Az egyház, az állam, és ékesszóló alárendeltjeik energiája, mind a gazdaságot, mind a társadalmat illetően, mindenkié, aki háborúkban és éhínségekben, a népirtásban és a földrablásban részes volt és most is részes, megmérettetik, és megfelelő módon, igazságosan és arányosan felosztatik. A megfelelő vetés ott van itt is, ott is, a megfelelő országban pedig az aratás.

Úgy tűnik, mintha soha nem lenne vége a szenvedésnek, az egyház és az állam által elkövetett gyilkolások, az összbűntett menetének, mert vonul a meg nem bűnhődött menet, ami a gyilkolást és erőszakot illeti a tengereken, folyókon és tavakon át is – nem más, mint erőszak, szenvedés, sorvadás és halál. A tengerek állatainak és növényeinek, bármely fajról legyen is szó, energetikai halála felkel megfelelő energiaként, és csatlakozik a karmikus, energetikai menethez.

Az energia nem vész el, mert a karmikus-energetikai menet, amely bejárja a Földet, egyre hosszabb lesz – így a sötét korok is, melyeknek megvan a maguk dallama és éneke, amit „klímaváltozásnak" neveznek.

Az idők változása során az éghajlat megsejteti az emberiséggel, hogy a dalnak mely versszaka éri ma vagy holnap, mindegy, hogy mely *országban, vagy hol van a jelenlegi ember része tegnap és ma.*

Köztudottan – mondja az ember – Isten malmai lassan őrölnek, de igazságosan. Amit az ember vet – és amiért nem bűnhődött meg –, azt fogja aratni.

Én Vagyok, aki Vagyok, aki sok mindent felmutatok, de nem mindent, nem minden részletet a bukástól a hajnalpírig, mert bejelentettem Fiam, Isten Krisztusának eljövetelét, aki egykor a Názáreti Jézus volt.

A meg nem bűnhődött energiák hosszú és egyre sötétebbé váló szenvedésmenete még nem érte el a hajnalpírt, mert a klímaváltozás dalának még sok versszaka van, és minden versszak bemutat és ösztönzi a vezeklést és a jóvátételt.

Nem szabad elfelejteni – minden korban azt mondja az emberiség: „A tegnap tegnap volt, ma pedig ma van!"

Valóban, Én Vagyok, aki Vagyok!

Tegnapotok a vetés mára – kivéve, ha felismertétek tegnapotokat és téves magatartásotokat, a rosszat megszüntettétek a megbánás és jóvátétel által. Ha nem, akkor tegnapotok a mátok.

Még úgy van, ahogyan van – ezért van a Szavam.

A fekete zászló, melyet a legtöbb ember még mindig felvon, az egyház és államhatalom sötét drogja, amely sok helyen a tornyok uralkodásával már csak mutogatja magát, hogy csalogassa az emberek tömegeit – ha nem megy másként, akkor a szentelt víz eskűjével, ami azt jelenti: kötve lenni.

Ha elhalványul a hűségeskü az egyház hatalmon lévői felé, akkor egy további eszközt húznak elő a prédikátori táskából, ami: az örök kárhozat, örök pokoli kínok.

Ha az ilyen eskük tények lennének, vagyis érvényesek, akkor azok, akik ilyen esküt követelnek felebarátaiktól, lennének az elsők, akik ilyen örök

*pokoli kínokban találnák magukat, az egyház fel-
sőbbségei és korábbi korok uralkodói, vagyis teg-
nap a császárok, királyok és az államhatalmak.
Mindannyian ott találnák magukat újra – nem
pedig azt a sok embert, akik az áldozataik lettek,
mert nem hittek az egyházi zárt hadi rendben,
hanem védekeztek.*

*Ha az energia nem vész el, és minden energia,
és az örök törvény tartalmazza a vezeklés és jó-
vátétel lehetőségét – hol maradtak akkor ezek az
energiák és lelkek?*
*Hol vannak? A sírhelyeiken ülnek és várnak fel-
támadásukra az ítélet napján – vagy hol vannak?*
A kauzalitás megtanítja nekik.

*E*gy rövid magyarázat annak megértéséhez,
hogy mit jelent a reinkarnáció.
*Háromdimenziós szavakkal eszközöm, hírnö-
köm szavaival mondva:*
Szemet szemért, fogat fogért.
Amit az ember vet, azt fogja aratni.

A lélek számára, aki az okokat hordozza, ez azt jelenti: Vagy újra megtestesülés vagy vezeklés lélekként, adott esetben egy hosszú ciklusban, miközben azt a szenvedést és fájdalmat kell elviselnie, amelyet emberként más embereknek okozott, vagy a természetnek és az állatoknak.

Hol van a sok ember, aki szemügyre tudja venni vetését, hogy az elkövetett igazságtalanságért, szörnyű tetteikért vezekeljen?

Még ha a vallási katasztrófa a lélek ismételt testöltését emberi testbe el is veti – a testöltések, az inkarnációk sok lélek számára lesznek kegyelmi ajándékok, akkor, amikor lélekként szemügyre veszik oksági láncukat.

Több millió eltávozott ember jön lélekként újra testet ölteni, testöltésre, és megszületnek valahol, a legtöbbször azokban az országokban, ahol a tegnap igazságtalanságát ma levezekelhetik – ahol tehát tegnapi okaik ma rejlenek –, hogy jóvá tegyék ott azt, amit emberként okoztak korábbi korokban.

Úgy van, ahogyan van: Az igazságosság a kiegyenlítődés. Ha az ember tegnap társadalmi tekintéllyel a legmagasabb rangokban volt, akkor ma egyszerű polgárként jön abba az országba, ahol pillanatnyilag aktívak az okai, hogy azt, ami tegnapról, vagyis a korábbi létezésekből még a lelkére szórva található, vagyis az okokat felismerje, vagy a mértéke és súlya függvényében viselje a következményeit.

A tegnap tehát a ma lehet.

A karmikus menet, mely addig járja be a Földet, amíg sok mindent le nem vezekeltek, sok mindent napvilágra hoz, az állatok kimondhatatlan szenvedését is, az állatkannibalizmusra vonatkozólag is, ami sok esetben még nem kezdett el hatni. A karmikus menet, a megfelelő energiák, mindent napvilágra hoznak.

A reinkarnáció eközben egy kegyelmi ajándék, az irgalmasság, mert a vezeklések a lelkek útján valóban fájdalmas lelki vándorlások lehetnek.

A sötét és hosszú menetnek még mindig megvannak a maga fejezetei.

Többek között egy fejezet jelentős:

Vezeklés vagy időbeni jóvátétel, aminél a földi „időben" szónak van jelentősége, mert a feldolgozás menete ismét elindult.

A klímaváltozás dallamai, a versszakok, melyek egyik országról a másikra vonulnak, egyre határozottabbak lesznek és tartalmukban nehezebbek, így a következmények is, az okság tegnap és ma, ami végső soron minden ember saját maga.

Országról országra az okok értékei különböző okozatokat hoznak, mert egy ember lelke, aki ma eltávozik, holnap megszülethet egy másik országban, vagyis inkarnálódhat, a tegnap értékeinek megfelelően.

Akárhogy is van:

Az út – akár lélekként, akár emberként – a döntő: vagy felfelé, vagy megtestesülni. A tegnap sötét tettei, melyeket ma megtisztítanak, azaz megszüntetnek, mutatják az utat a fény felé, ami az örökkévalóság.

Sajnos a halotti – egyben gyilkos – menet még hosszú ideig fogja mutatni e Földön azt, ami vezeklésre vár.

Azonban a hosszú sötétség fejezete ezen a Földön fokozatosan, az adott országnak megfelelően, kivilágosodik, naposabb lesz, mert a Föld is világosabb lesz.

Egy világosabbá váló Föld utal a hajnalpírra és az Új Kor kezdetére.

Egy szűz Föld fog létrejönni Fiamnak, Isten birodalma társuralkodójának jegyében, aki Názáreti Jézusként bejelentette eljövetelét: „Hamarosan eljövök."

Szétzúzattak addigra a bűnös templomok és tornyok bálványistenükkel. Szétzúzattak a baáli papság összes fekete zászlói. Nem lobog egy vallás zászlaja sem.

Az Új Kor emberei az igaz Istent békeszerető lényükben találják meg, és felépítik az új Földön a Békebirodalmat, a Liliom – Sophia – az Isten- és felebaráti szeretet tisztaságának és szabadságának jegyében.

Néhány szó az isteni bölcsesség hordozó párjának, a harmadik alaperőnek trónom előtt:

Leányom, akit rábíztalak az örök bölcsesség kerubjára – valóban újra és újra és még egyszer! – ezek voltak, röviden kinyilatkozva, inkarnációid, melyekben a bölcsesség fejedelme, a kormányzó, akit kerubnak is neveznek, kísért téged.

Az oldaladon maradt, az oldaladon van – a bölcsesség dualitása a hét ős-erő, az Atya-Anya-lét trónja előtt.

Az örök bölcsesség hordozó párja hordozta és hordozza a béke lobogóját: a kerub, aki egykor Ézsaiásként volt a Földön – és duálja különböző nevekkel, az adott korszaknak megfelelően, most Isten prófétanője és követe, Gabriele.

A lobogót felvonták, és áll Isten Krisztusáért, aki Názáreti Jézusként bejelentette eljövetelét örök Atyja szellemében, aki Én Vagyok.

Az idők koraiban, Ábrahám előtt és Ábrahám után, mindig voltak hű emberek a nő körül, aki az isteni törvényt hordozta és azt tanította.

Mint minden korban a fekete zászló képviselői az emberek között voltak, hogy elpusztítsanak mindent, ami csak a látszatát is keltette annak, hogy a Szabad Szellemet, Istent, az Én Vagyok-ot szolgálja.

A tisztaság liliomát, az Isten- és felebaráti szeretetet hordozta a testet öltött Bölcsesség inkarnációról inkarnációra, és tanította azt, ami lehetséges volt, noha sokat kellett szenvednie a baáli rezsim alatt.

Hordozta és hordozta: oldalán állt a bölcsesség hercege, a kerub. Ismét hordozták közösen, és a mai korba vitték. Megnyílik a Liliom, a Bölcsesség kapuja Sophia jegyében.

Sok részletében tanította az életet az Új Korért a leendő Békebirodalomban. A kerub, a herceg, egyben a bölcsesség kormányzója, sok oktatáson keresztül kinyilatkozta azt, hogyan ölthetne testet a Béke Földje, a fényintenzitás, mely bejelenti Isten Krisztusának jövetelét: „Hamarosan eljövök."

A Szellemből, a bölcsesség cselekvő művéből Bennem, tovább tevékenykedik az örök Bölcsesség, akkor is, ha a szörnyeteg még átjárja a beszeny-nyezett légkört. A prizmanapokon át már Isten Krisztusának fénye sugárzik.

Az örökkévalóság szellemében fog megje-lenni a nagy asszony, akiről írva van, és aki, egységben szellemi duáljával, kialakítja a meg-jelenés trónját, Isten birodalma társuralkodó-jának jelét, aki az örök Atya-Anya-lét oldalán társuralkodóként betükrözi megnyilatkozási fényét az Új Korért, mely az átmenetet mutatja Isten birodalmába.

Az isteni létben és felelősségtudatban tevé-kenykedik az isteni bölcsesség hordozó párja, a harmadik alaperő az Örökkévaló, az Én Vagyok trónja előtt.

Az évtizedek alatt tanította a nagy asszony, a Liliom, Sophia az embereket arra, amit tegnap és ma mondott nekik Isten Krisztusa:

„Gyertek mindannyian Hozzám, Isten Krisz-tusához, Én vezetni akarlak titeket!"

A sárkány legyőzetett. A Földre bukott és az önmagát tisztító Föld átalakítja.

A Föld messzemenően megtisztul a dohtól és halotti szagtól, a romlottságtól és bálványhittől. A Föld isteni köntöst kap.

Az Örökkévaló, aki Én Vagyok egységben Fiammal, Isten birodalmának társuralkodójával és az örök bölcsesség kormányzójával, így kiáltok e világba:

Megtétetett. Egy Új Ég és egy Új Föld jön létre a „Legyen" által. Én, aki Vagyok, mindent megújítok.

Isten Krisztusának hívása már most bejárja a Földet, és minden ember, aki keresztet hord a homlokán, a béke és a szeretet jegyét, hallja Isten Krisztusának hívását, ami így szól: „Ahol ketten vagy hárman összejönnek az Én nevemben, ott Én közöttük Vagyok."

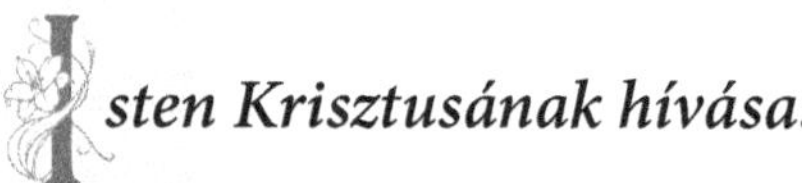

sten Krisztusának hívása:

„A jelek láthatóak, a jelenés előre megy,
a hajnalpír kinyilatkozza Enyéimnek a
világos napot és az Új Kort.

Én Istenben, az Én Atyámban, az örök
létben, az Ő Fia Vagyok.
Az örök bölcsesség kormányzó párja
kinyilatkozza jövetelemet.

Az Új Kor e tudatában
a békeszerető emberek számára:
Isten Krisztusa, az Én Vagyok
az örök Atya-Anya-létben,
Istenben, aki az örökkévalóság!"

www.ingramcontent.com/pod-product-compliance
Lightning Source LLC
LaVergne TN
LVHW051107180726
843512LV00020B/1653